不要急著有創意！

Creativity

A Short and Cheerful Guide

英國著名喜劇演員、劇作家 **John Cleese**
改變你找尋靈感時大腦的思維方式，讓你的好點子更有實踐力！

約翰·克里斯（John Cleese）著　　劉佳澐　譯

目錄

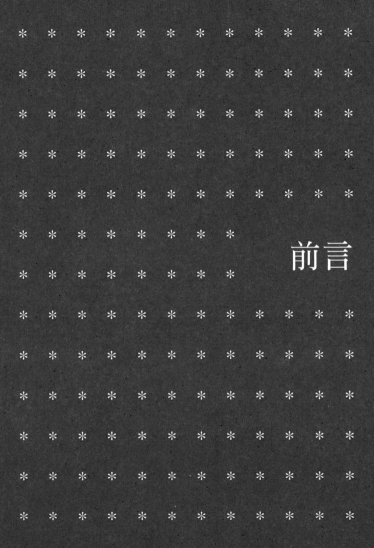

前言

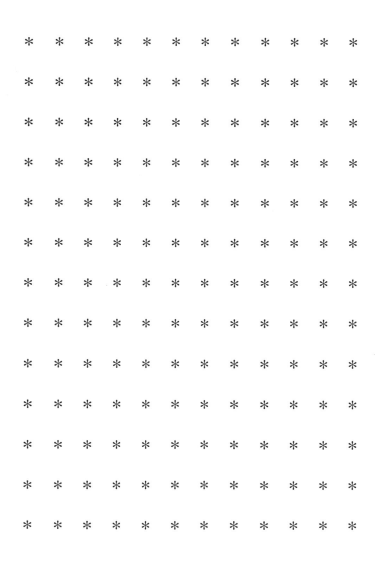

所謂的創造力，其實就
是思考事情的方式。

Creativity
A Short and
Cheerful Guide

　　大多數人認為創造力只和藝術領域有關，像是音樂、繪畫、戲劇、電影、舞蹈、雕塑等等。

　　但事實並非如此。生活的各個領域裡都可以看到創造力，就算是科學、商業或體育也有。只要你能想到比以往更好的方式去做某些事情，那就是創造力了。

　　人們還有另外一個誤解，那就是，大家總以為創造力都是天生的。但事實也並非如此，任何人都可以擁有創造力。

　　四○年代末到五○年代時，我還在學校念書，

從來沒有任何一位老師提過「創造力」這個詞，想來還真是奇怪。

不過容我提醒一下，這有一部份是因為我讀的是理工科，大學預科都在念數學、物理和化學，這些科目確實沒有太多可以讓我發揮創造力的空間。因為你必須先學習大量的科學知識，才能開始思考有創造力的突破方法。

後來我讀了劍橋，主修法律。同樣不是什麼有創造力的科目，只需要辨別一系列特定的事實究竟是屬於哪一類就好。

Creativity
A Short and
Cheerful Guide

　　但無論我選擇學習哪一種科目，都可以清楚感覺到，那些負責英國教育體系的高官們，全都沒有意識到教育創造力的必要性。

　　創造力是可以教的。或者我應該更準確地說，你可以教導人們如何打造合適的條件，讓他們在其中變得具有創造力。

　　這也就是這本小書想要說的一切了。

第一章
創意思維

 我是在意料之外的情況下，首次發現自己還算有點創造力。

Creativity

A Short and
Cheerful Guide

　　我是在意料之外的情況下，首次發現自己還算有點創造力。當時我還在劍橋念書，認識了一群很棒的人，他們都是「腳燈社」（Footlights）的成員，在我住的地方附近舉辦社團聚會，會在俱樂部的小舞台上演出短劇、獨白和音樂劇。

　　我當時並不是因為想進入演藝圈而加入腳燈社，完全不是！我本來是要當律師的！我加入只是因為這個社團的成員們是我在劍橋遇到最好的一群人。跟他們相處很愉快，這是當然的，畢竟他們都很風趣。他們來自各種不同的社會階層和

學術領域，但不知道為什麼，他們一點也不自滿、不會到處炫耀，也不會用任何方式自吹自擂，也許是因為他們都很有幽默感。

　　要成為腳燈社的成員，首先要寫點劇本。因此，我想出了幾齣短劇來表演，然後就順利入社了。我發現他們每個月都會舉辦一場名為「菸槍」的活動，這其實就是以前「抽菸音樂會」（smoking concert）的簡稱。活動會在腳燈社的俱樂部裡舉辦，所有成員都要參加，每個人也都得從座位上站起來演出一下，更希望能打造出美

好又友善的社團氛圍。所以，如果你是首次表演，
這是很完美的場合。

　　撰寫短劇是我第一件需要刻意運用想像力
來完成的事，過程中，我發覺原來自己也可以
「有創造力」。意思就是，假如我在紙上寫些東
西，之後拿去台上表演，我可以把大家逗笑。重
點是……我寫的東西是原創的。當然我並不是
說自己的作品都沒有受前輩或其他精彩喜劇的
影響，尤其我那麼喜歡《呆子秀》（The Goon
Show），但紙張上寫的這些腳本，都是我自己的

構想。

　　然後我開始察覺到另一件很有趣的事，不只有趣，還很奇怪。

　　如果我晚上埋頭苦寫腳本，我常會沒靈感，枯坐在小桌子旁，絞盡腦汁也想不出來。最後我總會放棄，倒頭睡覺去。

　　但到了第二天早上，我起床泡了杯咖啡，再走到書桌前坐好，幾乎立刻就找到了方法解決前一晚糾結許久的問題……而且解決方法總是如此輕而易舉，簡單到我真的不懂自己為什麼前一天

會想不出來。但我就是想不出來。

於是我也開始發覺，假如我在睡覺之前認真工作，隔天早上往往能想出一些有創意的點子，可以解決昨天晚上卡關的問題。這就像是一份禮物，在我與難題搏鬥之給我回饋。我開始告訴自己：「一定是因為我睡覺的時候，大腦還在持續思考問題，這樣早上就能替我解答。」

這種認知對我來說很陌生，畢竟我一直以為，所謂的思考就是眉頭深鎖，然後想破頭。

當我對這一切還不太確定的時候，又發生了

另外一件事。

　　當時我偶爾會和好友格雷厄姆・查普曼（Graham Chapman）合作，我們一起寫了一篇戲仿英國國教佈道的短劇。我和格雷厄姆那段時間都很喜歡從《聖經》裡找尋幽默的靈感，我們的熱衷程度眾所周知，每當有人走進我房間，看到桌面上的《欽定版聖經》（Authorised Version），就會直接說：「哦！你又在寫短劇了。」

　　完成腳本之後，我和格雷厄姆都相當滿意。正因如此，當我發現自己把紙本搞丟的時候，羞

愧的程度可想而知。我知道格雷厄姆一定會很生氣，最後我放棄尋找，決定在桌前坐下來，憑印象重寫整齣劇本。事實證明，這比我想像的要容易許多。

後來我無意間找回了第一版劇本，出於好奇，我檢查了一下，本來是想看看自己重寫的正確度有多高，但奇怪的事來了，我發現憑印象寫出來的版本，竟然比我們最早的那一版還要好。這讓我很困惑。

再一次，我不得不思索原因。我認為當我和

格雷厄姆一起寫完腳本之後，我的大腦還在繼續
思考它的內容，並一直不斷修潤我們所寫下的草
稿，但並不是我自己刻意為之。等到我重新回想
腳本時，它就已經變得比初版還要更好了。

　　我想了又想，覺得這種情況和「舌尖現象」
（tip-of-the-tongue phenomenon）很相似。有時
我們會一時想不起某個名字，不管多麼努力搜尋
腦中的記憶，就是想不起來。過了一陣子，等我
們開始想別的事情，這個名字就突然出現在腦中
了。顯然，就算我們已經放棄了，我們的大腦還

是繼續工作著。

　　所以我開始了解，原來我的潛意識一直在運轉，只是我沒有發覺而已。

　　「潛意識」這個詞比較麻煩的地方在於，它牽涉到佛洛德與精神分析學中的各種含義。佛洛依德認為，潛意識就像一個垃圾桶，我們會將所有恐懼、羞恥等可怕的想法和感覺都扔進裡面，然後我們會試圖把桶子蓋起來，直到它越來越滿，而我們再也支撐不住了，就會精神崩潰。

　　但是我使用「潛意識」一詞的意義完全不同。

我所描述的是我們每個人身上都會發生的事，而且是無時無刻都在發生。如果沒有潛意識一直在運作，我們很可能會被日常生活中的大量瑣事弄得不知所措。

就以我們的生理機制為例吧。吃完東西之後，身體會為我們消化這些食物，我們根本不必運用意識來幫助消化。我們能做的只是讓自己的消化系統好過一點，比如說，吞下兩份甜點之後，千萬不要去跑百米。

或者，眨眼、抓癢、舔嘴唇也都是例子。做

這些動作的時候，我們通常不會意識到自己在做什麼。如果有人朝你丟石頭，你就會直接閃開，並不需要先停下來評估解決方案。

甚至是其他比較困難、更需要技巧的活動，也有同樣的情況。比如我們可以刮鬍子、穿衣服或綁鞋帶，卻不需要全神貫注地去做。因為我們的身體早已習慣了所有必要的步驟，不必刻意思考，反而能做得更好。下次綁鞋帶時，你可以試著聚精會神地綁，你一定會發現這突然變成一件難事了。

　　說話也是一樣。我們總是能使用正確的詞語，卻絲毫不知道這些字句是如何突然出現在腦海中的。如果有人對我們說，「吃竹子的中國動物，猜兩個字」，我們就會馬上想到「熊貓」，但卻不知道為什麼會這樣。我們是先想到中國、動物，還是吃竹子？又或者是「兩個字」呢？我們根本不知道。但這個過程就存在於潛意識中。

　　讓我們再來想想，還有一些事情需要真正的技巧，卻依然不必刻意努力就能做到。我們可以開車從家裡前往工作地點，過程很安全，不必專

注於身上每一處肌肉的運作，腦袋還可能會想著別的事情。當然，如果出現不尋常的事件或突發狀況，你的意識就會突然警覺起來，讓你立刻變得更加清醒，這樣就能處理眼下的發生的任何事。

　　再來看看更複雜的活動，例如彈鋼琴。彈鋼琴的時候，演奏者並不會刻意去思考該用哪根手指按下哪個琴鍵，他們的潛意識知道如何演奏。這是因為他們不斷練習、練習、再練習。

　　運動也是如此，高爾夫球員練習揮杆、網球選手練習反手拍，而板球選手則不斷學習接球，

直到這些技巧變得無比純熟，不需要再用腦袋思考。

　　頂尖的籃球選手總會向表現失常的隊友大喊「別想太多」！因為刻意思考反而會讓他們的臨場反應變慢。

　　登台演出的時候，如果必須停下來思考接下來該說些什麼，就會降低表演的能量，因為當腦袋為了找回記憶而刻意運作，就會消耗許多能量。

　　也就是說，我們的潛意識事非常有智慧的。它讓我們在不需要全神貫注的情況下，也得以順

Creativity

**A Short and
Cheerful Guide**

利完成生活中大部份的任務。少了它，我們根本無法過日子，因為每天有太多的事情要思考了。

但這也並不表示，我們聰明的潛意識是以完全可預測的方式運作的。

有個例子可以完美解釋這一點。美國一位實驗心理學家（experimental psychologist）讓一群人觀看螢幕上的各種中文字，比如：

夠 擦 頭 跑 趙

幾天之後，他要求這群受試者再回來觀看另一組中文字，其中一些字是之前看過的，另外一

些字則是新的：

東 莞 夠 擦 頭 樂 幕

然後他要求受試者說說看哪些文字是上一次看過的。

正如你所猜測的，結果非常絕望。大家回想著那些不熟悉的文字，卻完全沒有頭緒。

接著，心理學家又找來另外一群人來做了同樣的實驗。但這一次，在第二次測試之後，他沒有要求受試者辨識上次看過的文字，而是請他們說說看自己最喜歡哪幾個字。

　　這問題可能非常奇怪，但這群受試者卻似乎能夠理解，而且還能答得出來。他們會說：「對，我比較喜歡這個字，比較不喜歡那個。」

　　那麼，就讓我們來看看令人驚訝的實驗結果……他們比較喜歡的文字都是上一次看過的。

　　想想看，他們的潛意識辨別出上次看過的中文字，但卻沒有任何一位受試者說：「對，我們上次看過」，而是產生了一種喜愛的感受。

　　這就是潛意識的問題。這也正是潛意識運作的方式。我們沒辦法意識到它的運作，也不能命

令或強迫它，而是必須用各種奇怪、狡猾的方法
將它哄騙出來，再想方設法解讀它傳達的訊息。

　　簡而言之，我們不可能對自己的潛意識提問，
並期待獲得一個直接了當的答案，或一個在言辭
上明確、精準的回應。因為，潛意識只能透過它
自己的語言向我們傳達知識。

　　潛意識無法以口語言詞來表達，它是一種如
同夢境般的語言。它會向我們展示許多圖像、帶
給我們感受，在我們不知道它究竟在表達些什麼
的情況下，輕輕推我們一把。

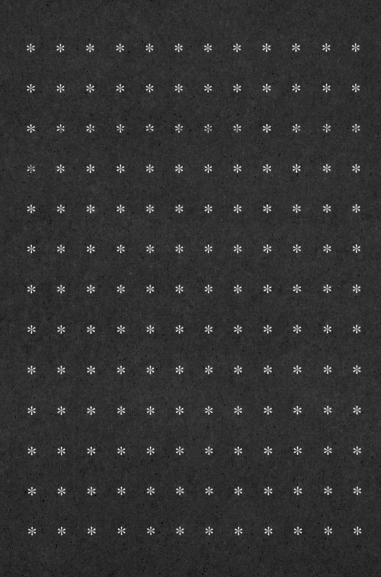

第二章

野兔腦，烏龜心

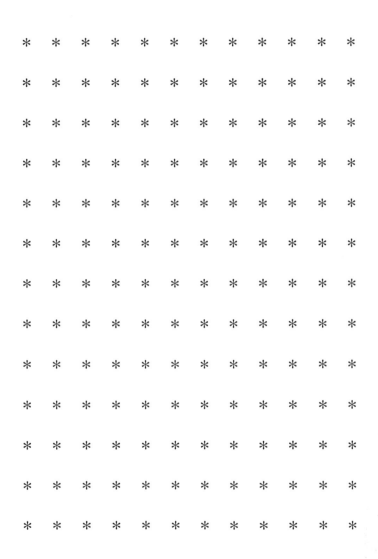

我的學校教育完全著
重於邏輯、分析和表
達思維，或者是數值
上的思考。

　　我的學校教育完全著重於邏輯、分析和表達思維，或者是數值上的思考。

　　但他們沒有告訴我的是，雖然這種思維模式絕對可以用來解決某些問題，但對另外一些問題卻是束手無策。

　　二十年前，我正好讀到蓋伊・柯萊克斯頓（Guy Claxton）一本名為《兔腦龜心》（Hare Brain, Tortoise Mind）的精彩作品，於是更加認知到這個根本的事實了。

　　書中，蓋伊・柯萊克斯頓談到了兩種不同的

思維模式。他說，第一種思考是「釐清問題、權衡利弊、建立論點並解決問題」。他接著舉出各種例子：「技師研究為什麼引擎無法啟動，全家人拿著旅遊手冊爭論明年暑假要去度假，科學家嘗試解讀複雜的實驗結果，學生解不開某道考題，這些人都在使用同一種思考方式，仰賴著理性和邏輯，以及審慎刻意的思緒。」他將這種既快速且目標導向的思維模式稱為「野兔腦」。

接著他繼續解釋另外一種思考方式，並稱之為「烏龜心」。他說，「這種思維進展得比較

慢⋯⋯模式之下，我們在反芻或醞釀著某些事情，
完全進入深沉、深刻的思緒之中。比較像是在思
索某個問題，而不是認真地試圖要解決它。」

　　他接著提到了一項十分關鍵的重點，這種
隨興的「烏龜心」看似漫無目的，但它其實和敏
捷的「野兔腦」一樣「有智慧」。他說，「最近
的科學研究明確顯示，放慢腳步、減少過度糾結
的思維模式，更加適合用來理解複雜、模糊或不
明確的情況⋯⋯當我們不確定究竟需要考慮些什
麼，甚至是不確定該提出哪些問題時，又或者，

當這個問題太微妙，導至我們平時熟悉的思考方式無法掌握時，就會需要尋求烏龜心的幫助……這種能力與我們所說的創造力，甚至『智慧』有很大的關聯。」

讀完這些精彩的文章之後，我發覺學校教育如此著重在邏輯、批判和分析思考，但他們從來不知道，假如想有變得更創造力，這種思維過程是完全沒有用的。偏偏這類型的思考一直被認為是唯一正確的模式。

直到我讀了蓋伊·柯萊克斯頓的書，我才開

Creativity
**A Short and
Cheerful Guide**

始理解「烏龜心」。

那麼，該如何才能更加理解這種緩慢卻富有
創造力的思考方式呢？

我的好友布萊恩‧貝茨（Brian Bates）曾在
薩塞克斯大學（University of Sussex）心理學系
擔任管理者，他告訴我，六〇、七〇年代有一些
很棒的研究，專門探索人們如何才能變得更有創
造力。不過在那之後，這類研究越來越少，因為
創造力多半與潛意識有關，人們所能研究的範圍
十分有限。

　　不過，他還是跟我說了一項具有承先啟後地位的重要實驗，是六〇年代在舊金山附近的柏克萊進行的。當年有一位傑出的心理學家名叫唐納德・麥金農（Donald MacKinnon），他在二戰期間曾是間諜首腦，對創造力非常著迷。不過，他想研究的不是藝術家的創造力，而是工程師和記者這一類的人。他對建築師更是感興趣，因為他發現，建築工作者都必須要既有創意又很切實。畢竟如果只懂得設計出美麗的建築物，卻很容易倒塌，就完全沒有意義了。

　　唐納德‧麥金農去訪問了一些建築師，想知道業界的哪些人被公認是最有創造力的。接著他去找這些「有創造力」的建築師，請他們描述一下自己的一天，從早上起床，到晚上睡覺，聽聽他們一整天裡都在做些什麼。

　　然後，他又去找了那些「沒創造力」的建築師，問了他們同樣的問題。當然，他並沒有告訴這些人找上他們的原因。

　　他得出了結論，有創造力和沒有創造力的建築師之間，只有兩個差異。

首先，有創造力的建築師知道怎麼「玩遊戲」。

其次，有創造力的建築師在情況許可時，總是會延遲做出最後決定。

一如哲學家所言，就讓我們解開這兩個發現吧。

麥金農所說的「玩遊戲」，是指愉快地沉浸在某道難題中，純粹地對它感到好奇，而不只是試著解決它，好接著處理下一件事，他形容，這種心態「就像孩子一樣」。想想孩子們玩耍的模

樣，他們會專心在眼前的事情上，毫不分神，他
們全神貫注地探索，不知道會得到什麼結果，也
不在乎。

　　孩子們在玩耍時完全是即興的，不會試著避
免犯錯誤，也不會遵守任何規則。我們不可能去
對他們說：「不，你做得不對。」而且，正因為
他們在玩耍時是沒有任何目標的，他們也絲毫不
會感到焦慮。當然這也許是因為有大人們當他們
的靠山，幫他們注意周遭環境。

　　相較之下，多數的大人很難好好玩遊戲。毫

無疑問，這是因為我們都必須承擔成年生活中的所有責任。然而，有創造力的大人並沒有忘記如何玩耍。

現在，讓我們來看看那些有創造力的建築師們所擁有的第二個特徵。

你們會很驚訝地發現，這個特徵竟然是盡可能地拖延決策。這是不是表示，有創造力建築師的其實很優柔寡斷？還是他們有點缺乏實踐力，又不切實際？

不是！

　　這只是表示，當眼前有一些重要的事懸而未解時，我們通常會感受到一股模糊的不適之感，而他們比較能夠忍受這種感覺，因為他們知道，答案最終總會出現。

　　讓我來多說一些。

　　我曾經為一部教育訓練影片寫過劇本，內容就是關於決策，撰寫前，我去訪問各領域的專家。他們向我解釋，做決定時，首先要問：「這件事必須在什麼時候之前決定？」畢竟我們生活在現實世界，凡事總會有一個時限。

但既然已經知道這決定有一個實際的截止時間，又何必在那之前做決定呢？

何必呢？

沒錯，這其實有點愚蠢，因為，如果我們能再等一等，就可能會發生兩件非常重要的事情。

一、可能會收到新資訊。

二、可能會有新想法。

那麼，我們為什麼還會在非必要時做決定呢？

因為我們覺得不痛快，這就是原因！

想想看，只要有問題懸而未解，一直被擺在那裡的時候，就會讓人很焦慮、很擔心。而當我們無法忍受這種輕微的不適感，就容易匆忙下決定，還可能自欺欺人地覺得自己很果斷。

有創造力的人跟我們一樣，在事情還沒解決時會感到輕微的擔憂，但他們更擅長忍受這種感覺。因此，如果能像有創造力的建築師那樣容忍這種焦慮，就能給自己更多時間，做出更好的決定。

接著……來說說發揮創造力時比較困難的部

份。

我們該如何學會像孩子一樣玩耍呢？

讓我們從以下這個想法開始。

干擾最容易扼殺創造力。我們的注意力會因而從本來思考的事情上移開。研究顯示，在被打斷以後，我們可能需要至少八分鐘，才能回到之前的意識狀態，而最多則需要二十分鐘，才能回到深度專注之中。

讓我們來想想干擾這件事本身……

干擾可能來自外界，比如有人過來和你說話，

或者一封信突然出現在收件夾裡。干擾也可能來自於我們的內心，像是突然想起之前忘記的事情、擔心時間不夠用，或者認為自己不夠聰明，無法解決手頭上某些的問題。當我寫這段文字時，就正好聽到有人從樓上走下來，讓我頓時失去注意力。接著我不禁開始思考這種情況發生的頻率，於是又被打斷了。先是外界的打擾，接著是內心干擾。

但也許，我們內心的最大干擾，是來自於擔心犯錯。這可能會讓我們裹足不前。「噢，」我

們會對自己說，「我不能這樣想，因為這可能是錯的。」

　　讓我向你保證。發揮創造力的時候，就沒有所謂的犯錯。

　　原因很簡單。在開始實作之前，你不可能會知道自己是否做錯。所以，只要你有一個新想法，就跟隨著思路一直往前走，看看它究竟是否可行。你一定要去探索，但不一定需要知道明確的方向。就如同愛因斯坦說的，如果我們知道自己在研究什麼，那就不是研究！

如果消除內部或外部干擾來讓自己打開「烏龜心」，我們就要先打造一個安全的地方，在其中好好玩耍。首先，我們要建立空間的範疇，再來是時間的界線。

我們要建立空間的界限，其他人都不得打攪。比如關上門，並掛上「請勿打擾」的牌子，或者躲在別人不會來打斷你的地方。

我們還要設下時間的界限，就要安排一個特定的時段，在這個時段中守住自己的空間疆界。例如說，你可以決定好一段專屬於玩耍的時間，

從接下來的幾分鐘後開始，到大約九十分鐘之後
結束。你要非常尊重這九十分鐘，任何人都不得
打擾。知道這段時間是非常神聖的之後，你就可
以好好開始玩耍了。

當然，這需要花些時間才做得到。初次嘗試
時，你可能會發現自己突然想到：「噢！我忘記
打給湯姆了！」沒多久後，又會想到你還沒幫貓
咪買生日禮物。再接著，你可能會回想起昨晚忘
記自己親姊的名字，真是尷尬。然後一下子覺得
腿好癢，一下子又思考起為什麼每次延長賽德國

就會贏，還有，早知道就不要先喝咖啡了。

別擔心。大家都是這樣！

就像冥想一樣，第一次完全坐著不動時多半都會發覺，原來當我們東奔西跑時，經常會忽略一個事實，那就是，我們的腦中其實充斥著許許多多無意義的雜念和擔憂。正如印度教義中所說的，我們的心靈像隻喋喋不休、醉醺醺的猴子。這些思緒沒完沒了、極為瑣碎，而且還不斷地冒出來。

對此，我們該怎麼辦呢？

是啊，心智比我堅強的人似乎都有本事把這些想法趕走，真是羨慕。我自己是做不到。所以，我會拿起桌上的黃色便利貼，直接把想法寫在上面。然後我就不會再去想了。

趕走了分散注意力的那些念頭之後，你便會發現，坐在位子上的時間越來越久，思維也開始放慢腳步，變得越來越平靜、越來越安定，就像冥想一樣。而一旦靜下心來，也就能開始專注於原本要思考的問題。這時，我們可以把這個問題輕鬆地懸在腦海之中，並讓各種點子隨興生成。

Creativity
**A Short and
Cheerful Guide**

　　如果不想讓這些想法飄得太遠，我的好友
比 爾 · 戈 德 曼（Bill Goldman，原 名 William
Goldman，比爾為威廉的暱稱。）有一些竅
門可以分享。他是位奧斯卡得獎編劇，執筆作
品包含《虎豹小霸王》（Butch Cassidy and
the Sundance Kid）、《 大 陰 謀 》（All the
President's Men）、《公主新娘》（The Princess
Bride）、《戰慄遊戲》（Misery）、《奪橋遺
恨》（A Bridge Too Far）、《驚與鷹》（The
Great Waldo Pepper）、《神偷盜寶》（The Hot

Rock）、《霹靂鑽》（Marathon Man）──這
號人物不必再多作介紹了吧？他曾經告訴我，草
擬某個特定橋段時，他會先在紙上寫下這個橋段
的主要概念，然後把紙張貼在電腦上某個顯眼的
地方。只要發現自己寫偏了，他便會趕緊看看這
張紙條，將自己拉回原本預計的目標上。

　　因此，我們只需坐定，然後隨著腦袋平靜下
來，千奇百怪的點子和概念就會在腦中浮現，它
們都與原本的謎題有關，卻也都……太怪了！

　　之所以奇怪，是因為這些想法並非我們平時

的邏輯、批判和分析思考所習慣的方式。它們出現的形式既非有序的詞彙，也不是工整的句子，而是來自我們的潛意識，訴說著屬於潛意識的言語。

你應該記得，我在前面的篇幅中曾經提到這個。

試想一下，當你不太清醒或很睏的時候，你是如何思考的？也可以回想一下你的夢境。每次回憶作過的夢，我們總會記得一些情境、一些畫面，想起一些感覺，還有某些重複出現的模式……

但是全都不太清晰，或者不太準確。

　　如果你現在覺得這聽起來有點太「憑感覺」了，讓我們來看看愛因斯坦是如何描述思考的：

　　「無論是書面或是口頭的文字或語言，」他如此寫道，「在我的思維機制中似乎都不重要。特定的符號和清晰的圖像等有形的實體，似乎才是我的思維元素，它們可以『輕易』複製和組合……這種排列組合遊戲，在轉換為邏輯組成的文字，或任何能與他人溝通的的符號之前，這似乎才是有效思考的門道。」

事實上，當我們漫遊在各種圖像與感受之中，重要的點子可能就會出其不意地降臨。就拿提出苯結構的德國有機化學家凱庫勒（August Kekule von Stradonitz）來當作例子吧。某天深夜裡，他坐著，盯著爐火。那是一座老式壁爐，火花四處亂竄。他的目光停留在爐火上，覺得火光看起來好像一條條蛇。而且，他越是以這種困倦、放鬆的方式凝望，它們看起來越像是追咬著自己尾巴的蛇。他半睡半醒地坐著，突然靈光乍現，看見那些咬住尾巴的蛇形成了一個環狀——而苯分子

的結構正是如此。

　　現在，要是那充滿邏輯分析的「野兔腦」察覺到你的思緒飄太遠了，硬是要把某些困難的邏輯思考塞回某處……

　　那就再來聽聽愛迪生的思考術吧，他發明了電燈，是史上最偉大的科學家之一。他也發現，自己的最棒的點子總是出現在清醒與沉睡之間的神祕灰色地帶間。所以，他往往會坐進舒適的扶手椅裡，手中拿著幾個滾珠軸承（ball bearings），底下再擺一個金屬碗。萬一他想著想

著不小心睡著了，拿著東西的手鬆開，滾珠軸承就會掉進金屬碗中，發出一陣巨響把他吵醒。然後，他就會重新拿起滾珠軸承並坐好，再次進入剛才那種半睡半醒、如夢似幻的思路之中。

　　也就是說，每當我們觸及自己的潛意識，潛意識便會給我們一些暗示和溫和的敦促，這也正是我們必須保持平靜的原因、是我們練習冥想的理由。因為如果靜不下來，反而到處忙進忙出、不斷看手錶、確認手機，我們就永遠也不可能注意到潛意識傳達給我們的微妙訊息。

　　容我再提醒一次。當我們在發揮創造力時，大多數的過程中真的沒有什麼邏輯。我們那理性分析的野兔腦當然喜歡清晰的狀態，事實上，它推崇清晰。但創作的初步階段，一切都還不明朗，一切都充滿困惑。畢竟，我們怎麼可能馬上就理解一個全新的想法呢？這是之前從來沒有接觸過的東西，一定會覺得很陌生。因此，我們大部份的「烏龜心」都是在未知和輕微混亂的狀態下運作的。

　　所以，千萬不要急。讓自己的全新概念逐漸

變得越來越清楚、越來越明朗。最後，一定會出
現真正精確的內容。

到了那時，你就獲得了一個⋯⋯新構想！

注意，我並沒有說一定是「又新又好的構
想」。這個點子也有可能會很糟，但當然，也可
能很精彩。

那麼，究竟要如何判斷這個點子好不好呢？
或者，會不會同時很糟卻也很棒？

這時，新構想已經變得十分明確，我們就會
開始以批判、分析、有憑有據的理性頭腦來加以

評估。

　　沒錯，這「野兔腦」剛才一直閒置，現在終於可以啟動，以那務實的「科學」思維開始收集資料、進行測量、運用邏輯推演，並徹底檢查一遍這新的構想，看看是否真的有價值。

　　有嗎？沒有？或是⋯⋯可能有吧？

　　很可能這個新構想既有優點，也有一些缺點。如果是這樣的話，你可以繼續使用邏輯思考，來決定哪些地方要保留下來，哪些地方馬上就能刪掉，接著再重新回到創意思維模式，在保留下來

的基礎上繼續努力。

　　但很重要的是，不要在剛產出新想法時，就急著做出批判。新想法和「模糊的」概念不應該被野兔腦攻擊，要讓它們有時間成長，變得更加清晰、更加堅定。這些新構想就像小動物一樣，很容易就會被勒死。

　　所以千萬要保持耐心，直到清楚掌握自己產出的概念，這時再來啟動批判思考，而不是太早就開始進行判斷。

　　如果想知道自己的創意思考何時完成任務，

可以接著進行下一步，我倒有個好方法可以分享給你。那就是，假如你發覺自己已經有太多個模糊的新想法，開始感到有點不知所措、有點困惑，你就可以先著手整理釐清它們，然後再來運用邏輯思維。

接下來，就可以專注於邏輯批判思考了。過了一段時間，當你已經差不多評估完所有的新點子，多半會開始感到有點無聊，這就是個跡象，表示你應該繼續回到創意思維模式了。也就是說，我們要創意思維模式和分析思維模式之間不斷來

回穿梭，最後，就會有一些特別的收穫。

　　這段來回的過程，就叫做疊代法（iteration），是創意思考者持續使用的方法。

　　也是我在撰寫《笨賊一籮筐》（A Fish Called Wanda）的劇本時所使用的訣竅。我寫了一份又一份的草稿，用我的「烏龜心」提出構想和解決故事衝突，再用「野兔腦」釐清所有的想法，並整理邏輯上的矛盾。最後，我一共寫了十三份草稿，但我知道這值得，因為每一個版本都變得比之前的還要更好一點點。最後的結果是，

這部電影讓我獲得了生涯中唯一一座劇本獎！

烏龜心。

野兔腦。

這兩者需要彼此。

但也務必要區分開來！

第三章
提示與建議

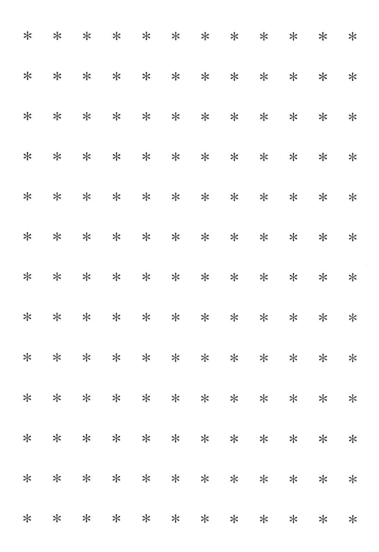

在這個章節中，我要分享
自己的寫作經驗給大家參
考。

Creativity
**A Short and
Cheerful Guide**

　　在這個章節中，我要分享自己的寫作經驗給
大家參考。不過，也有許多從事不同工作的人，
像是藝術家、精神科醫師，或是音樂家、發明家
等等，他們都告訴我，他們生成新構思的心理過
程和我非常相似。因此，我希望以下有關寫作的
各式想法也會對其他領域的工作者有所幫助。

書寫自身所知

* * * * * * * * * * * * * *

初次寫作的人經常會聽到這樣的建議:「寫你知道的就是了」。這總讓我想起倫敦地鐵車廂盡頭經常出現的標語:「打開車窗即可通風」。換句話說,這根本就屬於「不用講也知道」的事。難不成你會想,「嗯,雖然我對北達科他州的黃蜂養殖一無所知,但我就是要把第一部小說的主角設定成俾斯麥的養蜂場主人」?還是說,「雖

然我一直從事漁業捕撈工作，但我就是要寫一本
印尼寺廟宗教舞者的傳記」？你當然會首先寫自
己了解的東西。之後，假如你的首部作品大獲成
功，真的很想嘗試撰寫某個本來陌生的主題，那
就可以著手進行大量研究，但前提也必須是你真
的非常、非常想寫。

　　我認為這個基本規則在任何事情上都適用：
我們的確最有可能在自身已知且關心的領域中發
揮創造力。

尋找靈感

* * * * * * * * * * * * *

　　我們剛開始創作時，往往根本不知道自己在做些什麼！但無論是寫作、繪畫或是作曲，一定都需要從想法開始。身為初學者，我們不太可能想出一個非常好的點子，這時，就可以「借用」某個欣賞之人的想法，找出對方其中一個真正讓你感興趣的構思。只要由此著手，就會在玩味的

時候，慢慢找出屬於自己的點子。這是在學習，向自己欣賞的人或事物學習，是「受到影響」，而非剽竊。

　　當然，這不表示我們就可以盲目地把別人的作法挪作己用，如果是這樣的話，那就是抄襲了。而且，無論如何，我們畢竟是想產出一些有創意的內容，如果最終只有照抄，又有什麼意義呢？精確複製確實有技巧，但這本小書講的是創造力，而不是偽造力！

　　要是你依舊覺得像這樣借用有點狡猾，你可

以想想莎士比亞的故事。他筆下的所有情節都是
借來的，然後再進行創意書寫。

突破想像

* * * * * * * * * * * *

　　這裡的關鍵在於「突破」，雖然突破聽起來像是要踏出非常大一步，但我們可以假設只需要輕輕一跨就好，或是越過去。或者一蹦、一跳、一躍。總之一小步就可以了，彷彿只是把一朵玫瑰花擺進花束的中央，畫龍點睛一番。當然了，愛因斯坦的相對論可能就是「有史以來最偉大的科學突破」。

　　整體來說，原則如下：越是突破，創作期間可能就會越長。

　　進行創意寫作時，我們光是透過許多細微的修改，就足以讓初稿大幅進步，這些細微修改甚至有可能根本不具任何創意。但偶爾，我們會突然想出一個重要的補充或改寫，像是史蒂芬·史匹柏（Steven Spielberg）在拍攝電影《大白鯊》（Jaws）時，就臨時想到，不需要讓觀眾一直在畫面中看到鯊魚。務必記得，潛意識是完全不可預測的。許多諾貝爾獎得主都說過，他們的創作

突破完全是出乎意料的。他們往往會先經過許多
年的琢磨，某天，好的構想就這樣⋯⋯突如其來
地出現在腦海中。有些人甚至覺得自己真的不該
獲得如此殊榮，因為他們覺得自己是「接收到」
靈感，而不是出於自身的創造！

持續前進

* * * * * * * * * * * *

　　如果想在科學、建築或醫學領域發揮創造力，必須先花許多年學習，才有可能開始運用創意思維，來想出其他同領域工作者還不知道的事。

　　然而，在藝術界裡，我們也有時候會看到一些例子，像是某個成功的小說家無法再達到首部作品的創作顛峰。這是因為，初次創作的人總會有一些新鮮的手法，後來這種新鮮感逐漸消失。

畢卡索就曾說過，他十歲時畫的東西比任何時期都還要好，孟克晚期的作品也從未再重現出早期畫作的強度。

佛教正好有一句話可以形容這種情況，那就是「初心」（Beginner's Mind）。所謂初心，是指經驗尚未被熟悉感沖淡，因而顯得更加鮮活。這其實是心理上的報酬遞減法則（Law of Diminishing Returns），也是為什麼優秀創作者的作品，似乎都會依循以下三個階段。第一個階段是，他們在學習創作的同時，做出了一些原創

作品，接著，他們精通了創作技巧，開始在作品中展現成熟的構思，並做出了一些最好的作品，而最後，隨著他們的風格越來越純熟，作品中的創意也開始逐漸減弱。

　　普遍創作者似乎都很難一直維持著穩定創意新鮮度。有些人會在深刻理解和掌握某個學科的過程中，思維慢慢變得越來越守舊。但也有另外一些人，會設法讓自己保有提出新想法的能力，理論物理學家理察・費曼（Richard Feynman）就是如此。換句話說，他們學會培養並信任自己

的潛意識。除了作研究之外,費曼還花許多時間

練習打鼓,而偉大的數學家約翰・康威(John

Conway)也沉浸在玩遊戲之中。

　　遊戲……能讓我們保持「新鮮感」。

應對挫折

* * * * * * * * * * * * *

　　試圖發展出原創構想時，我們往往會發覺，有些時候靈感源源不斷，有時卻腸枯思竭。我和格雷厄姆・查普曼合寫短劇的那次，就曾經進入枯水期，我們感到極為挫折和絕望，因為有時候一整個早上，甚至是一整天，我們都沒有寫出半點好東西。但即使如此，我們也注意到彼此有相近的創作平均值，每個星期，我們大概能完成一

共十五到十八分鐘的好劇情。因此，我們該做的就是好好坐定，無論有沒有靈感都要持續書寫，到了星期五晚上，我們通常就會有足夠份量的草稿。我們也開始了解，沒有靈感並不等於創作過程中斷，而是創作過程的一部份。這就好像我們吃飯的時候，叉子伸出去了，卻沒有取到食物，這不算是什麼失敗，只不過是整頓飯的一小段過程而已。

人類學家格雷戈里‧貝特森（Gregory Bateson）曾說：「唯有擺脫舊的構思，才有可能

產生新的想法。」

　　這個觀點幫助我將暫時停滯的時間視為醞釀階段，因此屬於整個創作過程中不可分割的一部份。沒有靈感的時候，千萬不要自責，不要懷疑自己是否應該放棄創作去做別的事情。只要隨興地玩味各種可能，等待潛意識準備好，就能產出一些新東西。氣餒只不過是在浪費時間而已。

及早開始

* * * * * * * * * * * * *

　　我本身的經驗是，面臨困難的問題時，我都
會感到一陣恐懼。那是一種直截了當的恐懼感，
害怕自己無法解決手頭上的難題。更不用說寫作
真的是一大難事。讓我換個說法好了，寫作其實
不難，但要寫得好很難。但「好」的標準又因人
而異了。我有個朋友帶著自己的孩子去餐廳吃飯
時，看到哈羅德‧品特（Harold Pinter）走了進來。

他對孩子說：「那個人是哈羅德‧品特，是個很厲害的作家。」結果孩子天真地回答：「噢！他會寫很難的單字嗎？」

因此，如果你也像我一樣，在面對挑戰的時候感到有點恐慌，我的建議是，那就早點開始恐慌吧！恐慌最大的好處就是能帶給我們力量，畢竟我們總不會想說：「我好慌張呀，不如來好好睡一覺吧。」相反，恐慌會促使我們早點開始想辦法。

但也不要期望馬上就能解決問題。我們只需

Creativity
A Short and
Cheerful Guide

要開始做點筆記，並且接受自己不一定會想出多
好的點子，可能最後這些筆記都用不上呢。但就
算後來派不上用場，這也能幫助我們靜下心來。
畢竟如果一開始就沒有任何預設結果，也就沒有
所謂的失敗。這時候，我們也已經啟動了自己的
潛意識……

關鍵在於要開始去做，即便這會讓我們感覺
像是在強迫自己跨過情緒障礙。

我們可以從一些簡單的地方著手，例如……
我們為何而寫？假如是要寫學術論文，那就不必

太有趣，當然如果這是要投稿給某些很難入選的期刊，就可能還是必須提出一些非常有意思的論點。接著，我們還可以先自己想一想，讀者對能否輕易接受文章的內容，或者他們有可能會比較排斥。如果是後者，那麼我們就必須要嘗試說服他們，而不僅僅是告訴他們而已。

再來，我們就要開始思考，「我究竟想表達些什麼呢？」，「這份報導、演講稿、書稿、劇本、手冊或電子郵件內文的意義是什麼？」想出不同的主軸加以比較，並開始收集重點事實和研究，

引用絕對不會有什麼壞處的！更何況——如果你到現在不明白的話——這段思考和蒐集資料的時間裡，我們就是一直在滋養自己的潛意識，而潛意識則會在我們停止手邊工作的時候，開始反芻所有的東西。這也就是為什麼，如果我們現在出門去散散步，回到桌前時，就會跳出更多想法來加進筆記中。

最後⋯⋯深入書寫的時候，務必記得：「簡潔即是睿智的要素。」簡潔更不會讓讀者感到無聊。還記得那封知名的道歉信吧？「對不起，這

封信這麼長，但我沒時間寫一封短信。」所以，完成初稿後，一定要：

一、刪除所有無關的部份，篇幅絕對會比你想像中還要多。

二、若非必要，切勿重複。

祝你好運。趕快動工吧。

想法對應情緒

* * * * * * * * * * * * *

幾十年前，我的好友布萊恩‧貝茨教授這樣告訴我時，對我來說有如當頭棒喝。但我同時又覺得……本來就是這樣！我怎麼可能會沒有發現這麼顯而易見的事實呢？我們都知道，如果情緒低落，就不可能產生開心、樂觀又充滿活力的想法。

而如果感到快樂，也就不會把那些憂鬱又悲

觀的想法當真。生氣的時候,我們就不想和貓咪玩了,只想思考報復計畫。焦慮的時候,我們就會擔心個不停,而如果我們很自以為是,就會比較專斷。感到嫉妒時,就無法慶賀他人的成功。

　　只不過,感覺自己有創造力並不完全算是一種情緒,更像是一種心態。如果心態不正確,比如你分心了,或開始擔憂其他事情,那麼你當然也就不會有創造力了。

不要過度自滿

* * * * * * * * * * * * *

　　一般來說，當我們很肯定自己的作為時，創造力往往會下降。這是因為，自滿的時候，我們就會認為自己沒什麼需要學習的地方。一旦如此相信，自然就會停止進步，並持續依賴既定的模式。而這也表示，產出的東西不會有所成長。

　　大多數的人都會希望自己是對的。然而，優秀的人往往比較想要搞懂自己是否正確。其實從

事喜劇工作的好處就在這裡，如果觀眾沒有笑，
我們就會知道自己的方向錯了。

評估構想

* * * * * * * * * * * * *

　　有了新構想之後，可以用以下兩種方法來測試。第一種方法我之前已經有提過。在嘗試創造的階段，我們暫時不會去進行任何批判，但現在已經來到可以重啟判斷力的時候。新構想既然已經十分明確，就應該要進行評估。如果認為整體上需要改進，就使用疊代法反覆修改，直到滿意為止。這確實需要許多衡量，但只要有足夠的好

奇心和求知欲，隨著創作經驗越來越豐富，判斷力也會變得越來越好。過程中，當然也免不了犯一些錯，但錯誤會讓我們的技能更上一層樓。

第二種方法則是，假如你對新構想還算肯定，就可以從前面的思考階段進入到接下來的實作階段，並從純粹的規畫推進到實際的行動。這可能是一小步，也可能是一大步。比方說，如果你設計好一輛汽車，要開始實際製造可能有點困難，除非你正好是福特汽車廠的首席設計師，那又另當別論。但如果你設計的是一件衣服，做出一件

衣服就容易許多，那麼你確實可以試著實作，看看自己滿不滿意。又或者，如果你完成了一本書或一幅畫，可以拿給幾位判斷力還不錯的朋友們看看，思考一下他們的意見是否會影響你對自己作品的評價。但假如你是位軍官，制定了一份新的作戰計畫，接下來當然就是開始進攻，停下來尋求建議可能不會有什麼用。如果你寫的是一齣劇本，那麼就可以去找個欣賞你作品的製作人，來把劇本搬上舞台或螢幕。這時候，你可能會需要進行更多的反覆評估！

去蕪存菁

* * * * * * * * * * * * *

　　有一次，我的好友兼偉大的編劇比爾‧戈德曼在幫忙我修改劇本，他建議我要「殺死我的寶貝」，他說這句話是美國作家福克納（William Faulkner）說的。當時我有點遲疑，但現在我已經比之前更明白箇中道理了！他認為，任何好的藝術作品都會在創作過程中發生變化，有時甚至會大幅改變。創作初期，作家往往會先想到一個

好點子，他們非常喜歡這個構想，這就是他們的
「寶貝」。但無可避免的是，隨著作品不斷發展，
故事的某些部份也會開始轉變，這些「寶貝」可
能已經不太符合新版本的敘事。這時候，好作家
就會開始去蕪存菁，而沒那麼高明的作家則會緊
抓不放，因此阻礙了整個故事的新發展。我發現，
年輕的作家比較難以放下自己的寶貝，經驗老道
的作者則是早已習慣重新起草和重寫，對他們來
說，殺死寶貝也沒那麼困難。其實就是因為，他
們比較心狠手辣。

尋求第二建議

* * * * * * * * * * * *

　　假如你已經是個有經驗的作家，把作品拿給朋友看時，可以問以下四個問題：

　　一、哪一段讓人感到無聊？

　　二、哪一段讓人看不懂？

　　三、哪一段沒有說服力？

　　四、哪一段讓人不知做何感想？

　　取得這些問題的答案之後，我們就回去審視

作品的問題有多大……然後自己修改。回答問題的人可能也會提出一些的解決方案，但請不要放在心上。只要對他們微笑，表現出感興趣的樣子，再對他們說聲謝謝，就可以轉身離開了，因為這些人可能根本不知道自己在說什麼。除非他們本身就是作家，如果是這樣的話……你可以仔細聽聽看，但最終，你還是必須自行決定要接受哪些批評和建議。

　　思考這些指教的時候，不要去想說誰的建議才正確的，要去思考，哪一個想法比較好？

　　至於什麼時候應該開始尋求第二個意見，我認為，必須等到自己對作品的認知已經足夠清晰時再去詢問，這樣別人的建議才會有實際的幫助。

　　但也不要拖到你自認構想或作品已經趨近完美的時候才發問，如果創作過程的後期才尋求建議，到頭來可能會浪費很多時間。比如我寫講稿時，在完成初稿後，我就會先詢問四、五個人的看法，這樣我就能馬上得知哪些段落有說服力，哪些沒有。

　　等到我完成二稿，可能已經有百分之五十的

內容和初稿不同了。這時我會把二稿拿給兩、三位新讀者看，聽取他們的新觀點。要一直到我聽到滿意的評價，這個反覆修改的過程才會結束。有時候，我也會將定稿拿給第一批讀者看。而幾乎是每一次，他們都會有點驚訝地說：「哦！比之前好多了！」

那是當然的了。

假如你正在寫一個故事，你可以把粗略的大綱說給別人聽，並注意觀察他們大概是在哪一個段落失去興趣，那就是故事出差錯的地方了！等

你修改過後，再找其他人重述一次，就可以期望
能抓住大家的注意力更久一些……

不要急著有創意！

Creativity
A Short and Cheerful Guide

作　　　　者／約翰·克里斯（John Cleese）
譯　　　　者／劉佳澐
責 任 編 輯／賴曉玲
版　　　　權／黃淑敏、吳亭儀、江欣瑜
行 銷 業 務／周佑潔、黃崇華、華華
總　編　輯／徐藍萍
總　經　理／彭之琬
事業群總經理／黃淑貞
發　行　人／何飛鵬
法 律 顧 問／元禾法律事務所　王子文律師
出　　　　版／商周出版
　　　　　　　地址：台北市中山區104民生東路二段141號9樓
　　　　　　　電話：(02) 2500-7008　傳真：(02)2500-7759
　　　　　　　E-mail：bwp.service@cite.com.tw
發　　　　行／英屬蓋曼群島商家庭傳媒股份有限公司城邦分公司
　　　　　　　台北市中山區104民生東路二段141號2樓
　　　　　　　書虫客服服務專線：02-2500-7718‧02-2500-7719
　　　　　　　24小時傳真服務：02-2500-1990‧02-2500-1991
　　　　　　　服務時間：週一至週五09:30-12:00‧13:30-17:00
　　　　　　　郵撥帳號：19863813　戶名：書虫股份有限公司
　　　　　　　讀者服務信箱：service@readingclub.com.tw
　　　　　　　城邦讀書花園：www.cite.com.tw
香 港 發 行 所／城邦（香港）出版集團有限公司
　　　　　　　香港灣仔駱克道193號東超商業中心1樓
　　　　　　　E-mail：hkcite@biznetvigator.com
　　　　　　　電話：(852) 25086231　傳真：(852) 25789337
馬 新 發 行 所／城邦(馬新)出版集團
　　　　　　　Cité (M) Sdn. Bhd.
　　　　　　　41, Jalan Radin Anum, Bandar Baru Sri Petaling,
　　　　　　　57000 Kuala Lumpur, Malaysia
　　　　　　　電話：(603) 9057-8822　傳真：(603) 9057-6622
封面＆內頁設計／傑尹視覺設計
印　　　　刷／卡樂彩色製版印刷有限公司
總　經　銷／聯合發行股份有限公司
　　　　　　　地址／新北市231新店區寶橋路235巷6弄6號2樓
　　　　　　　電話：(02) 2917-8022　傳真：(02) 2911-0053

■2022年4月12日初版　　　　Printed in Taiwan
定價／350元

國家圖書館出版品預行編目(CIP)資料

不要急著有創意！：英國著名喜劇演員、
劇作家John Cleese改變你找尋靈感時
大腦的思維方式，讓你的好點子更有實
踐力！／約翰．克里斯(John Cleese)著
；劉佳澐譯．－－初版．－－臺北市：商周
出版：英屬蓋曼群島商家庭傳媒股份有
限公司城邦分公司發行，2022.04　面；
　公分
譯自：Creativity : a short and cheerful
guide
ISBN 978-626-318-239-4(平裝)
1.CST: Creative thinking. 2.CST: 創造
力 3.CST: 創造性思考
176.4　　　　111004016